Liköre selbst gemacht

AF220187

Liköre selbst gemacht

Gesammelt und herausgegeben von
Melanie Koßmann

Capt. Swings
geheime Bibliothek

Bibliografische Information der Deutschen Nationalbibliothek Die Deutsche Nationalbibliothek verzeichnet diese Publikation in der Deutschen Nationalbibliografie; detaillierte bibliografische Daten sind im Internet über www.dnb.de abrufbar.

© 2021 by Melanie Koßmann
Herstellung und Verlag:
BoD – Books on Demand, Norderstedt
ISBN 9 783755 715504

MIX
Papier aus verantwortungsvollen Quellen
Paper from responsible sources
FSC® C105338

Inhalt

Likör

Der Begriff Likör stammt aus dem lateinischen (liquor) und bedeutet Flüssigkeit. Auch in Frankreich werden diese aromatischen Spirituosen liqueur genannt.
Liköre haben mit mindestens 100 g/L einen hohen Zuckergehalt. Ihr Alkoholgehalt liegt in der Regel zwischen 15% und 35%Vol.

In der griechischen und römischen Antike trank man aromatisierte Weine in denen man den Ursprung der heutigen Liköre sieht. Auch in Mitteleuropa ähneln manche Obst-und Fruchtweine dem Geschmack von Likör.

Im 13.Jahrhundert brachte Arnaldo von Villanova, der Rektor der med. Fakultät Montpellier in Frankreich die Technik der Destillation von einem Kreuzzug mit nach Europa. Diese ermöglichte die Erzeugung von alkoholischen Getränken mit höherem Alkoholgehalt als es bis dato möglich war. Er legte Heilpflanzen in Alkohol ein, um deren Wirkstoffe herauszufiltern, was man Mazeration nennt.

Dies ist auch heute noch, neben der Destillation, die Grundtechnik der Likörherstellung.

In der damaligen Zeit war es Klöstern und Apotheken vorbehalten diese Mischungen zu medizinischen Zwecken aus ihren Kräutergärten herzustellen. Auch heute noch bekommt man Kräuterauszüge in Apotheken als Heilmittel.

Im 14. Jahrhundert erkannte man dann den Genussfaktor, des gesüßten und aromatisierten Alkohols.

Bis zum 17. Jahrhundert jedoch blieb Likör ein Getränk der Oberschicht aufgrund des hohen Zuckerpreises. Erst seit dem Kolonialismus stand Zucker der Allgemeinheit zur Verfügung und damit begann die Herstellung von Likören aus fast allen bekannten Kräutern und Früchten.

In Frankreich wurde zu dieser Zeit fast jeden Ortes von „Liquoristen" eine ganze Likörvielfalt hergestellt, deren teils traditionelle Likörmarken fanden allerdings erst im 19.Jahrhundert landesweite Verbreitung.

Ein in der EU hergestellter Alkohol muss heutzutage mind. 100g/L Zucker aufweisen, um den Namen Likör zu erhalten. Bei einem Zuckergehalt von über 250g/L bezeichnet man sie als

Cremes. Eine Creme de Cassis muss sogar 400g/L Zucker aufweisen.
Diese Cremes werden meist in Cocktailmischungen verwendet.

Seit dem 01.01.18 unterliegen Liköre dem Alkoholsteuergesetz.

In der heutigen Zeit werden Liköre oftmals nicht mehr auf dem klassischem Wege der Destillation oder Mazeration gewonnen, sondern einfach durch das Mischen von Alkohol, Zucker, Wasser und Aromen z.B. Fruchtsirup hergestellt.
Gerne werden die modernen Liköre mit zerkleinerten Pralinen oder Süsswaren zubereitet, was die Herstellung noch vereinfacht. Sie sind sofort verzehrbar, ohne Einkochen oder lange ziehen zu müssen.

Haltbarkeit

Selbst hergestellte Liköre und Schnäpse sind aufgrund des hohen Alkoholgehaltes lange haltbar und in der Regel auch nach Jahren noch unbedenklich zu genießen.
Werden Zusätze wie Eier oder Sahne verwendet, verkürzt sich die Haltbarkeit des Likörs. Sie sollten im Kühlschrank aufbewahrt und zügig verzehrt werden.

Abfüllung

Vor jeder Herstellung eines Likörs immer die zu füllenden Flaschen, samt Deckel durch Auskochen sterilisieren!

Metalldeckel oxidieren, darum ist es von Vorteil diese z.B. durch Kork-bzw. Gummiverschlüsse zu ersetzen oder Glasflaschen mit Bügelverschluss zu benutzen, die besonders hübsch aussehen.

Alkoholzusätze:

Wodka

Wodka ist eine farblose Spirituose mit bestenfalls 40%Alkoholgehalt und fast neutralem Geschmack.

Er wird in der Regel aus Getreide oder Kartoffeln hergestellt. Es gibt Länder ohne Beschränkungen der Herstellungen von Spirituosen, dort wird dieser auch aus Weintrauben produziert.

Aus Roggen gewonnener Wodka schmeckt lieblich und mild und ist daher sehr beliebt. Auch Wodka aus Weizen oder Gerste wird häufig verwendet. Wodkaproduktionen aus Getreidesorten wie Reis und Mais findet man eher selten.

Da Wodka fast keinen Eigengeschmack besitzt, verfälscht oder dominiert er nicht den gewünschten Geschmack und ist daher hervorragend zur Herstellung eines Likörs geeignet.

Korn

Kornbrand oder auch vereinfacht Korn genannt ist ein alkoholhaltiges Getränk. Ein klarer Brand hat mit mind. 32%Vol., ab 37,5%Vol. bezeichnet man ihn als Kornbrand,
mit 38%Vol als Doppeldorn. Korn wird aus Getreide wie Roggen, Hafer, Weizen, Gerste oder Buchweizen hergestellt. In Likören kann man Wodka durch Korn ersetzen.

Rum

Rum ist ein alkoholisches Getränk, welches aus Zuckerrohr gewonnen wird und einen Mindestalkoholgehalt von 37,5%Vol. hat. Man unterscheidet in weißen und braunen Rum. Nach der eigentlichen Herstellung entsteht farbloser Rum, wenn dieser in Holzfässern gelagert wird, bekommt er seine bräunliche Farbe.
Brauner Rum ist aromatischer und süßer als weißer Rum.
Guter Rum zeichnet sich durch lange Reifung in Holzfässern aus, ähnlich wie Cognac oder Whisky. Rum hat einen Eigengeschmack und ist somit nicht für jede Likörmischung ideal.

Likör - ein liebevolles Geschenk.

Selbst gemachter Likör ist immer ein wundervolles Geschenk aus der Küche, welches von Herzen kommt! Ob als Dankeschön für liebe Menschen, als kleines Präsent an Festtagen oder als herzliches Mitbringsel zu einer Einladung.
Etwas Selbstgemachtes löst immer Rührung in den beschenkten Mitmenschen aus.

Es ist etwas ganz Persönliches.
Die Herstellung hat Zeit, Mühe und Aufmerksamkeit gekostet und wurde in Gedanken an die zu beschenkende Person gefertigt. Dies ist nicht durch eine gekaufte Flasche in einer Manufaktur zu ersetzen.
Wenn der Likör dann noch in der einer phantasievollen Flasche mit selbstgemaltem Etikett steckt, ist er ein echtes liebevolles Unikat.

Likör– ein süßes Getränk.

Liköre sind vielseitig.
Man kann die Liköre sofort trinken, aber am Liebsten eisgekühlt, wunderbar beim Backen von Kuchen verwenden oder sehr lecker auch als Soße zum Eis oder auf Pudding genießen.

Einen Likör selbst zu machen ist sehr einfach und das erfreulichste daran ist: auch für „Küchenmuffel" oder Amateure ist dies bestens zu meistern.

Ein jeder freut sich über diese leckere, wirklich von Herzen kommende Überraschung, sei es die Arbeitskollegin, der Nachbar oder die Schwiegermutter.
Einfach größere Mengen zu einem günstigen Preis herstellen, in kleine Flaschen abfüllen und damit ganz viele Freunde, Bekannte oder die Familie beglücken.

Zubehör für die Herstellung eines Likörs
-Topf
-Mixer
-Schüssel
-Waage
-Trichter
-Löffel
-hübsche Flaschen zum Befüllen
-Etiketten zum Beschriften

Moderne Liköre

Raffaello Likör

Das Rezept ergibt ca. 1 Liter
Zubereitungszeit: 15 Minuten

Zutaten:

15 Raffaellos
80 g Zucker
300 ml Milch (oder Kokosmilch)
250 ml Sahne
200 ml Wodka (oder Rum)

Zubereitung:

Die Raffaello Kugeln mit Zucker und Milch mit dem Mixer gut zerkleinern. Dann die Sahne und den Wodka einrühren, gut mischen. In die sterilen Flaschen mittels Trichter vorsichtig einfüllen, verschließen und ein paar Stunden im Kühlschrank ziehen lassen.
Fertig ist der Raffaello Likör!

Diese Rezeptur ist zügig zubereitet und schmeckt hervorragend.
Wer möchte, kann den Likör weiterhin verfeinern, indem er noch flüssige weiße Schoko-

lade, ein wenig Vanillezucker oder ein Prise Zimt hinzugefügt.

Anstelle herkömmlicher Milch, kann man auch Kokosmilch sowie Rum anstelle Wodka verwenden. Auch ein guter Schuss Kokoslikör schmeckt köstlich dazu.

Wen die Kokosflocken und Nusskrümelchen beim Verzehr nicht stören, wird die flüssige Raffaellocreme lieben, ansonsten sollte man diese am Folgetag noch einmal durch ein Sieb streichen.

Eisgekühlt serviert – ein sommerlicher Hochgenuss!

Phosphor-Likör

Dieses Rezept ergibt ca. 1 Liter Likör
Zubereitungszeit: 5 min

Zutaten:

250 ml Waldmeistersirup
1 Pck. Vanillezucker
200 ml Haltbare Sahne
300 ml Buttermilch
100 ml Wodka

Zubereitung:

Den Waldmeistersirup, die Sahne, die Buttermilch in einen Gefäß gießen und den Vanillezucker einrühren. Zu guter Letzt den Korn dazu geben, alles mischen und in eine vorbereite sterile Flasche füllen. Gut verschlossen und gekühlt aufbewahren.
Farblich — ein echter Hingucker!

Tipp: man kann das Rezept mit allen erdenklichen Sirupsorten z.B. Zitrone, Himbeer oder Kirsch ausprobieren.

Kinderschokolade‾

Likör

Das Rezept ergibt ca. 850ml
Zubereitungszeit: 15 Minuten

Zutaten:

200ml Sahne
300ml Milch
50g Zucker
1 Pckg Vanillezucker
200g Milch-Schokoriegel (20 Riegel)
150ml Wodka

Zubereitung:

Die Sahne und die Milch mit dem Vanillezucker und dem Zucker in einem Topf kurz aufkochen. Die Kinderschokolade-Riegel in kleine Stücke brechen und in eine Schüssel geben. Die heiße gezuckerte Milch über die zerbröckelte Schokolade gießen und mit einem Pürierstab mixen bis alles geschmolzen ist. Man kann auch Überraschungseier oder andere Milchschokoladenreste auf diese Art wunderbar verwerten. Wer gerne Vanille mag, kann zusätzlich noch etwas Vanilleextrakt hinzugegeben, um diese Note zu unterstreichen.

Wenn die Masse abgekühlt ist, den Wodka hinzufügen. Gut umrühren und in mittels Trichter in die Flaschen einfüllen. Im Kühlschrank aufbewahren und vor dem Verzehr die Flaschen immer gut schütteln!

Nimm 2 Likör

Das Rezept ergibt ca. 750ml
Zubereitungszeit: 8 Stunden

Zutaten:

80 g Bonbon(s) (Nimm 2)
500 ml Multivitaminsaft
250 ml Wodka

Zubereitung:

Alle Bonbons auspacken und in eine Schüssel geben, dann den Wodka hinzufügen. Die Bonbons lösen sich über Nacht im Alkohol auf. Tagsdrauf den Saft zugießen, mischen und in eine hübsche Flasche abfüllen.

Toffifee Likör

Dieses Rezept ergibt ca.
Zubereitungszeit: 15 min

Zutaten:

15 Stück(e) Konfekt (Toffifee)
100 g Zucker
200 ml Kondensmilch 10%
1 Ei(er)
200 ml Sahne
200 ml Wodka

Zubereitung:

Alle Zutaten bis auf den Alkohol in einem Topf erwärmen. Wenn das Konfekt geschmolzen ist, mit einem Pürierstab zerkleinern bis eine feine Masse entstanden ist. Nun kurz aufkochen und abkühlen lassen. Zum Schluss den Wodka einrühren und in eine Flasche abfüllen.

Giotto-Likör

Dieses Rezept ergibt ca.700ml
Zubereitungszeit 15 min

Zutaten:

4 Stangen Giotto
200 ml Milch
200 ml Sahne
200 ml Kondensmilch
100 g Zucker
1 Päckchen Bourbon-Vanillezucker
200 ml Wodka oder Korn

Zubereitung:

Milch, Kondensmilch, Sahne, Zucker und Vanillezucker in einen Topf geben, vermischen und erwärmen. Nun die Giottos mit einem Stabmixer zerkleinern und zur Flüssigkeit hinzufügen. Kurz köcheln lassen. Dann die Mischung durch ein Sieb streichen und die Flüssigkeit abkühlen lassen. Nun den Wodka oder Korn hinzufügen. Danach in eine hübsche Flasche abfüllen und eisgekühlt genießen.

Oreo Likör

Dieses Rezept ergibt ca 700ml Likör
Zubereitungszeit 15 min

Zutaten:

12 Oreo Kekse
1 Pckg. Vanillezucker 100g Sahne
350ml Milch
200ml Rum

Zubereitung:

Zuerst die Oreo Kekse mit dem Zucker zerkleinern. Nach Möglichkeit ganz fein mahlen. Dann zusammen mit der Milch und der Sahne in einem Topf erwärmen und 5 min köcheln. Danach etwas abkühlen lassen und den Rum hinzufügen. Nun in eine Flasche abfüllen und verschließen. Das Getränk schmeckt eisgekühlt, aber auch warm kann man es wunderbar genießen.

Muh Muh Likör

(mit Sahne Toffee Bonbons)

Dieses Rezept ergibt ca. 1 Liter Likör
Zubereitungszeit: 20 min

Zutaten:

500ml Sahne
40 Sahne-Muh-Muhs
375ml Wodka

Zubereitung:

Zuerst die Sahne-Toffee Bonbons „Muh Muhs" aus ihrer Verpackung nehmen, das kann etwas Zeit in Anspruch nehmen, da wir 40 Stück benötigen und sie recht klebrig sind. In einem Topf 500ml Sahne erwärmen und darin die Bonbons unter ständigem Rühren zum Schmelzen bringen. Bitte nicht aufkochen! Wenn die Flüssigkeit abgekühlt ist, den Wodka einrühren und in eine Flasche abfüllen.

Neapolitaner Likör

Dieses Rezept ergibt ca. 1 Liter Likör
Zubereitungszeit 15 min

Zutaten:

400g Manner Waffeln
150g Zucker
600ml Sahne
250ml Kornbrand
etwas Milch

Zubereitung:

Die Waffeln mit einem Mixer zerkleinern bis sie ganz fein zermahlen sind, dann in einen Topf geben und mit der Sahne erwärmen. Gut verrühren, bis alles aufgelöst ist. Nicht kochen ! Anschließend abkühlen lassen, dann erst den Korn unterrühren. Zum Schluss mittels Trichter in die vorbereitete Flasche abfüllen und kühl stellen.

Eisbonbon Likör

Dieses Rezept ergibt ca. 750ml Likör
Zubereitungszeit: 1 Tag

Zutaten:

40 Gletschereis Bonbons
10 Stück weißer Kandiszucker
1 Fl. Korn

Zubereitung:

Die Bonbons auspacken und in ein großes Glasgefäß zusammen mit dem Kandiszucker und dem Korn geben. Einen Tag lang ruhen lassen und zwischendurch immer wieder schütteln, damit sich die Eisbonbons und der Zucker schneller auflösen.

Mon Cherie Likör

Das Rezept ergibt ca. 1 Liter
Zubereitungszeit ca. 25 min

Zutaten:

250 g Konfekt (Mon Chéri)
200 ml Sahne
300 ml Milch
100 ml Kirschlikör
n. B. Korn oder Wodka

Zubereitung:

Milch und Sahne in einem Topf erhitzen, aber nicht kochen. Die Mon Cherie hinzufügen und schmelzen lassen. Wenn die Schokolade geschmolzen ist, die Kirschen mit dem Pürierstab zerkleinern. Wenn alles gut gemixt ist, die Flüssigkeit anschließend nochmal durch ein Sieb streichen. Nun der abgekühlten Masse den Kirschlikör hinzufügen, wer mag kann noch einen Schuss Korn oder Wodka beimischen. Zum Schluss in eine dekorative Flasche abfüllen.

Werthers Echte Bonbon-Likör

Dieses Rezept ergibt ca. 1 Liter Likör
Zubereitungszeit: 4 Tage

Zutaten:

1 Tüte Werthers Echte Bonbons
750 ml Korn
2 Tüten Vanillezucker
70g brauner Zucker
200 ml Kondensmilch

Zubereitung:

Die Bonbons aus der Verpackung nehmen und zusammen mit dem Korn, dem Zucker sowie dem Vanillezucker in ein Gefäß geben. Alles gut verrühren und für ein paar Tage verschlossen wegstellen. Immer mal wieder zwischendurch die Flasche schütteln, damit sich der Zucker und die Bonbons gut auflösen. Danach die Kondensmilch der Mixtur hinzufügen und nochmals gut verrühren.

Nun in die vorbereiteten Flaschen abfüllen und gekühlt aufbewahren.

Lakritz-Bonbon-Likör

Dieses Rezept ergibt ca. 1 Liter Likör
Zubereitungszeit: 1 Tag

Zutaten:

70 Lakritzbonbons (original Salmiak-Bonbons „Türkisch-Pfeffer")
1 Liter Wodka

Zubereitung:

Den Wodka zusammen mit den Lakritzbonbons in ein Gefäß füllen, verschließen und kühl stellen.

Zwischendurch immer wieder schütteln. Nach 24 Stunden haben sich die Bonbons aufgelöst und der Likör ist bereit zum Verzehr.

Bounty-Likör

Dieses Rezept ergibt ca. 1l Likör
Zubereitungszeit: 15 min

Zutaten:

6-7 kleine Bounty Riegel
200ml Milch
200ml haltbare Sahne
1 Ei
200ml Wodka
80g Zucker

Zubereitung:

Die Bounty-Riegel mit der Hand grob zerkleinern. Mit einem Mixer fein zerkleinern. Etwas Milch hinzufügen damit die Masse sämig wird und sich besser mixen lässt. Die Mischung in einen Topf geben und erhitzen. Die restliche Milch, den Zucker und das Ei hinzufügen und kurz aufkochen. Alles gut verrühren, bis sich die Schokolade aufgelöst hat. Die Temperatur etwas herunter nehmen und die Sahne langsam einrühren. Etwas abkühlen lassen und den Wodka beimischen. Die Flüssigkeit vor dem Abfüllen noch durch ein feines Sieb streichen.

Mars-Likör

Dieses Rezept ergibt ca. 1l Likör
Zubereitungszeit: 15 min

Zutaten:

160g Mars Riegel
60g Zucker
1 Pckg. Vanillezucker
200ml haltbare Sahne
300ml Milch
200ml Wodka

Zubereitung:

Die Mars-Riegel mit der Hand grob zerkleinern. In einen Topf geben, etwas Milch hinzufügen und mit dem Mixer bearbeiten.
Danach in einem Topf erwärmen, dabei gut rühren, damit die Schokolade sich auflöst und die Masse sämig wird. Den Zucker, den Vanillezucker, die restliche Milch und das Ei hinzufügen, rühren und kurz aufkochen. Nun die Temperatur etwas herunternehmen und die Sahne langsam dazu gießen. Wenn die Flüssigkeit etwas abgekühlt ist, den Wodka hinzufügen, gut mischen und in Flaschen abfüllen.

Snickers-Likör

Dieses Rezept ergibt ca. 1l Likör
Zubereitungszeit: 20 min

Zutaten:

200g Snickers Riegel
50g Zucker
300ml Milch
200ml haltbare Sahne
180ml Wodka

Zubereitung:

Snickers-Riegel auspacken, mit der Hand klein brechen und mit dem Mixer unter Zufügen von Milch fein zerkleinern. Dann in einem Topf die Masse mit dem Zucker erwärmen und zum Schmelzen bringen. Kurz aufkochen und etwas herunterkühlen lassen, dann die Sahne einfließen lassen und gut verrühren. Zum Schluss den Wodka beimischen. Vor dem Abfüllen in sterilen Flaschen, die Flüssigkeit durch ein feines Sieb streichen.

Milky Way Likör

Dieses Rezept ergibt ca. 750ml Likör
Zubereitungszeit: 15min

Zutaten:

10 kleine Milky-Way-Riegel
80g Zucker
1 Ei
300ml Milch
200ml haltbare Sahne
150ml Wodka

Zubereitung:

Die ausgepackten Milky-Way-Riegel klein brechen und unter Zufügen von Milch, Zucker und Ei mit einem Mixer fein zerkleinern. Dann die Masse in einem Topf unter Rühren aufkochen. Nun die Flüssigkeit etwas herunterkühlen lassen und langsam die Sahne beimischen. Anschließend den Wodka einrühren und in Flaschen abfüllen.

Duplo-Likör

Dieses Rezept ergibt ca. 750ml Likör
Zubereitungszeit: 10 min

Zutaten:

7 Duplos
50g Zucker
300ml Milch
200ml haltbare Sahne
150ml Wodka

Zubereitung:

Die Verpackung der Duplos entfernen und die Schokopraline mit der Hand klein brechen. Dann in einem Topf die Milch und den Zucker zusammen mit den Duplostücken bei mittlerer Hitze zum Schmelzen bringen. Mit einem Mixer die Masse noch feiner zerkleinern. Wenn alles geschmolzen ist, langsam die Sahne einrühren. Herunterkühlen lassen, dann den Wodka beimischen und in die sterilen Flaschen mittels Trichter einfüllen. Eisgekühlt servieren!

Sommerliche

Liköre

Maracuja-Sahne-Likör

Dieses Rezept ergibt ca 1l Likör
Zubereitungszeit: 10 Minuten

Zutaten:

500ml Maracujasaft
½ Pck. Vanillezucker
70g Zucker
100ml Sahne
120ml Korn

Zubereitung:

Den Korn, den Zucker und den Vanillezucker
in ein Gefäß geben und mit einem Quirl einrühren, bis sich der Zucker aufgelöst hat. Nun
die Sahne und den Maracujasaft hinzufügen,
gut vermischen.

Den Likör in eine sterile Flasche abfüllen und
verschlossen, gekühlt lagern. Eisgekühlt servieren.

Rosen-Lavendel Likör

Dieses Rezept ergibt ca 750ml Likör
Zubereitungszeit: 8 Wochen

Zutaten:

4-5 Blüten von verschiedenfarbigen Duft-
rosen
6 Lavendel-Spitzen
125g Kandiszucker
1Pckg.Vanillezucker
750ml Wodka

Zubereitung:

Blütenblätter von den Rosen sowie die Spitzen
vom Lavendel abpflücken und in ein Gefäß legen. Den Kandis-und Vanillezucker hinzufügen
und mit dem Korn auffüllen. Diese Mischung
dann für 8 Wochen an einen warmen Ort Stellen und ziehen lassen. Gelegentlich die Flasche
schütteln. Danach den Likör durch ein Sieb gießen und in hübsche Flaschen abfüllen. Gibt
man dem Likör viel Zeit und lässt ihn mehrere
Monate an einem kühlen Ort weiter ziehen,
kann sich der Geschmack noch intensivieren.

Rhabarber-Likör

Dieses Rezept ergibt ca. 1l Likör
Zubereitungszeit: 12 Stunden

Zutaten:

800g Rhabarber
300g weißen Kandiszucker
750ml Wodka
2 Pckg. Vanillezucker
2 Vanilleschoten
1 Zitrone

Zubereitung:

Den Rhabarber waschen und in Stücke schneiden. Das Mark aus der Vanilleschote kratzen und eine Zitronenhälfte auspressen. Einen Esslöffel Zitronensaft, das Vanillemark und die Rhabarberstücke mit dem Kandiszucker und dem Vanillezucker in ein Gefäß geben und 12 Stunden verschlossen im Kühlschrank ziehen lassen. Danach die Masse in einen Topf gießen und 5 min köcheln lassen. Wenn die Mischung abgekühlt ist, den Wodka hinzufügen, gut durchrühren und anschließend durch ein feines Sieb streichen. Den Likör in Flaschen abfüllen.

Minzlikör

Dieses Rezept ergibt ca. 1 Liter Likör
Zubereitungszeit: 2 Wochen

Zutaten:

5 Zweige Minze
1 Prise Zitronenabrieb
1 Prise Orangenabrieb
100 weißen Kandiszucker
300ml Kondensmilch
500ml Korn

Zubereitung:

Die Minze, den Zitronen-und Orangenabrieb, den Kandiszucker und den Korn in ein Gefäß geben, verschließen und gut schütteln. Dann die Mischung für 14 Tage an einen dunklen, warmen Ort stellen und zwischendurch immer mal wieder die Flasche schütteln. Wenn der Ansatz genug gezogen hat, die festen Bestandteile herausnehmen und durch ein Sieb abseihen. Nun die Kondensmilch hinzufügen, gut mischen und in Flaschen abfüllen. Eisgekühlt, mit einem Hauch von feinen Schokoraspeln oder Kakaopulver servieren.

Heiße Liebe

Dieses Rezept ergibt ca. 1 Liter Likör
Zubereitungszeit: 1 Tag

Zutaten:

500ml Wasser
1EL Zitronensaft
1 Zitrone (Abrieb)
250g Zucker
15 Beutel Himbeer-Vanille-Tee
500 ml Korn

Zubereitung:

Den Zucker in einem Topf mit Wasser erhitzen, etwas rühren bis er sich aufgelöst hat. Die Schale einer Bio-Zitrone abreiben, halbieren und den Saft auspressen. Den Zitronenabrieb sowie die Teebeutel (ohne Bändchen) dem Zuckerwasser hinzufügen, abdecken und bis zum nächsten Tag stehen lassen.

Nach 24 Stunden die Teebeutel entfernen, die Flüssigkeit absieben und den Zitronensaft sowie den Korn dazu geben. Die fruchtig schmeckende Mischung erhitzen und in die bereitgestellten, sterilen Flaschen abfüllen. Abkühlen lassen und eisgekühlt servieren!

Flieder-Likör

Dieses Rezept ergibt ca. 1 Liter Likör
Zubereitungszeit: 4 Wochen

Zutaten:

10 violette Fliederblüten
350 g weißen Kandiszucker
1 Bio Zitrone, in Scheiben geschnitten 1 Fl.
Wodka

Zubereitung:

Alle Zutaten in einen Glasbehälter füllen und verschlossen an einem warmen Ort aufbewahren. Zwischendurch immer mal wieder schütteln, damit sich der Kandiszucker gut löst. Nach 4 Wochen durch ein feines Sieb streichen und in eine sterile Flasche abfüllen.
Je kräftiger die Farbe des verwendeten Flieders war, desto stärker wird auch die Färbung des Likörs sein. Eisgekühlt genießen!

Feigen-Likör

Dieses Rezept ergibt ca. 1 Liter Likör
Zubereitungzeit: 10 Wochen

Zutaten:

10 St frische Feigen
180 g weißer Kandiszucker
1 Pk Vanillezucker
1 Stange Zimt
1 l Wodka

Zubereitung:

Die frischen Feigen waschen und in Stücke schneiden. In ein großes Einmachglas legen und mit dem weißen Kandiszucker, dem Vanillezucker, Zimt und Wodka bedecken. Den Behälter verschließen und an einen warmen Platz stellen, wo er 6 Wochen ruhen muss. Zwischendurch die Flüssigkeit immer mal wieder umrühren, damit sich der Kandis gut auflöst. Danach absieben und in sterile Flaschen füllen. Diese nochmals 4 Wochen zum Ruhen kühl lagern.

Erdbeer-Likör

Dieses Rezept ergibt ca. 1 Liter Likör
Zubereitungszeit: 40 min

Zutaten:

1kg Erdbeeren, frisch
300 g Zucker
1 Pk Vanillezucker
300 ml Wasser
1 Fl Wodka
1 St Zitrone

Zubereitung

Die Erdbeeren waschen und gut pürieren. Dann durch ein Sieb streichen, um die Erdbeernüsschen zu entfernen. Danach die feine abgesiebte Masse zusammen mit dem Wasser und dem Zitronensaft in einen Topf geben und erhitzen, 10 min köcheln lassen. Nun den Zucker und den Vanillezucker hinzugeben und weitere 10 min köcheln lassen. Die Flüssigkeit ein wenig abkühlen lassen, erst dann den Wodka hinzufügen und gut umrühren. Als letztes den Likör in die vorbereitete Flaschen einfüllen. Ein fruchtig frischer Likör für heiße Sommerabende!

Himbeerlikör

Dieses Rezept ergibt ca Liter Likör
Zubereitungszeit: 4 Wochen

Zutaten:

500g Himbeeren
500g Zucker
1 Pckg. Vanillezucker
600ml Wodka

Zubereitung:

Die Himbeeren zusammen mit dem Zucker in ein Glasgefäß geben, mit Wodka auffüllen und verschlossen an einem warmen, dunklen Ort 4 Wochen ziehen lassen. Nach der genannten Zeit die Flüssigkeit gut mischen und durch ein Sieb streichen. Nun in eine Flasche mittels Trichter abfüllen, kühl stellen und genießen!

Beeren Likör

Dieses Rezept ergibt ca. 1l Likör
Zubereitungszeit: 4 Wochen

Zutaten:

500 g frische bunte Beerenmischung (Erdbeeren, Brombeeren, Johannisbeeren, Himbeeren oder anderer Beeren, die der Garten
so her gibt)

500 g Zucker
0,7 Liter Korn (32%) 1 Vanilleschote
1/2 Bio-Zitrone
1/2 Bio-Orange
0,7 Liter Korn (32%)

Zubereitung:

Die Beeren mit dem Zucker in ein Gefäß
z.B. großes Einmachglas geben und verschließen. Für eine Woche an einen dunklen
warmen Ort stellen und immer mal wieder
durchrühren, damit sich der Zucker gut
auflöst. Dann eine Vanilleschote, 2 Scheiben
Bio-Zitrone und 2 Scheiben Bio-Orange
oben drauf legen, wieder verschließen und

zum Ziehen wegstellen. Nach ca. weiteren 3 Wochen, die Schote und die Zitrusfrüchte entfernen. Nun geht es ans Absieben, welches man mittels einem sauberen dünnen Tuch machen kann, indem man die Früchte hineingibt, die Masse durchs Tuch presst und die Flüssigkeit auffängt oder aber man streicht die Beeren durch ein Sieb. Den Likör im Kühlschrank aufbewahren und eiskalt genießen.

Schokoladig-Nussig

Weißer Schokoladen-Likör

Dieses Rezept ergibt ca. 1 Liter
Zubereitungszeit: 40 min

Zutaten:

400g weiße Schokolade (Tafel oder Kouvertüre)
300ml Milch
200ml Haltbare Sahne
100ml Whiskey
200ml weißer Rum

Zubereitung:

In einem Topf Wasser erhitzen und einen zweiten kleineren Topf mit der weißen Schokolade darauf stellen und so vorsichtig zum Schmelzen bringen (Wasserbad). Wenn die Schokolade geschmolzen ist, die haltbare Sahne unterrühren. Wenn die Masse etwas herunter gekühlt ist, mit dem Rum und dem

Whiskey auffüllen. Gut mischen und in die vorbereiteten Flaschen abfüllen.

Kaffee-Likör

Dieses Rezept ergibt ca. 1,2 Liter Likör
Zubereitungszeit: 20 min

Zutaten:

400ml starker Kaffee
300g Zucker
200g Sahne
300ml braunen Rum

Zubereitung:

Den vorher zubereiteten starken Kaffee oder Espresso mit dem Zucker und der Sahne in einem Topf aufkochen und etwas köcheln lassen, bis der Zucker geschmolzen ist. Dabei immer gut rühren, damit nichts anbrennt. Wenn die Flüssigkeit etwas abgekühlt ist, den Rum untermischen und mittels Trichter in Flaschen abfüllen.

Tiramisu-Likör

Diese Rezept ergibt ca. 1 Liter Likör
Zubereitungszeit: 20 Minuten

Zutaten:

1 gehäufter Teelöffel Instantkaffeepulver
100g weiße Schokoladen
40g Zucker
1 Pckg. Vanillezucker
1 Ei
300ml Milch
150ml Amaretto
50ml Korn

Zubereitung:

Die weiße Schokolade auf einem Wasserbad schmelzen. Den Zucker und den Vanillezucker hinzufügen und ebenfalls zum Schmelzen bringen, gut verrühren, damit nichts anbrennt. Nun das Ei und die Milch dazu geben, alles gut mischen und kurz aufkochen lassen. Dann mit dem Amaretto und dem Korn auffüllen und schlussendlich das Kaffeepulver unterrühren. Den abgekühlten Likör in vorbereitet Flaschen abfüllen.

Marzipan-Likör

Dieses Rezept ergibt ca. 1,5 Liter Likör
Zubereitungszeit: 40min

Zutaten:

500g Marzipanrohmasse
250ml Milch
300ml brauner Rum
200ml Sahne
4cl Likör 43

Zubereitung:

Die Milch in einem Topf erhitzen und die Marzipanrohmasse hinzufügen. Mit einem Pürierstab das Marzipan zerkleinern, bis es ganz mit der Milch verschmolzen ist. Dann die übrigen Zutaten unterrühren. Nun die gesamte Masse durch ein Sieb streichen. Wer es gerne sämiger mag, sollte die Mischung in ein sauberes Küchentuch geben und die Flüssigkeit durch Wringen des Tuches auspressen. Nun in die vorbereiteten sterilen Flaschen abfüllen und eisgekühlt servieren.

Schoko-Toffee-Likör

Dieses Rezept ergibt ca.1 Liter Likör
Zubereitungszeit: 30min

Zutaten:

50 Stück Schokoden-Toffee-Bonbons
400ml Sahne
Eine gute prise Salz
400ml Korn

Zubereitung:

Die Sahne in einem Topf kurz aufkochen
lassen und vom Herd nehmen. Nun die Scho-
koladen-Toffee-Bonbons sowie die Salzprise
hinzugeben und langsam schmelzen lassen.
Nicht mehr aufkochen, höchstens bei mittlerer Temperatur weiter erwärmen, bis alles geschmolzen ist. Dann etwas abkühlen
lassen und den Korn beimischen. Jetzt in
die vorbereiteten sterilen Flasche abfüllen
und verschlossen gekühlt aufbewahren.

Haselnuß-Likör

Dieses Rezept ergibt ca. 1l Likör
Zubereitungszeit: 10 Wochen

Zutaten:

250g reife Haselnüsse
1 Zitrone
1 Zimtstange
2 Gewürznelken
1 Vanilleschoten
150 g brauner Zucker
500 ml Weinbrand

Zubereitung:

Die Haselnüsse in einem Topf ohne Fett sanft anrösten. Dann in ein sauberes Geschirrtuch geben und rubbeln, bis sich die Schalen abgelöst haben. Anschließend die Nüsse grob hacken und die Schale einer Bio-Zitrone abreiben, sowie das Mark einer Vanilleschote auskratzen.

Nun die Zimtstange, das ausgekratzte Vanillemark samt Schote, die Gewürznelken, den braunen Zucker in ein Gefäß geben und die Zitronenschale sowie die gehackten Nüsse hinzufügen. Mit dem Weinbrand auffüllen und alles gut mischen. Diese Mixtur verschlossen an einem dunklen und kühlen Ort ca. 10 Wochen aufbewahren. Zwischendurch die Flasche immer mal wieder schütteln.

Nach den Wochen der Lagerung, die Vanilleschote, die Gewürznelken und die Zimtstange entnehmen. Die Flüssigkeit nochmals durch ein Sieb laufen lassen.

Nun kann das nussige Vergnügen seinen Lauf nehmen!

Pistazien-Likör

Dieses Rezept ergibt ca. 1l Likör
Zubereitungszeit: 30 min

Zutaten:

300g Pistazien
250ml Sahne
200g Zucker
2 Vanilleschoten
50ml Amaretto
310ml Wodka

Zubereitung:

Die geschälten Pistazien in einem Mixer zerkleinern. Die Vanilleschoten auskratzen und zusammen mit der Sahne und dem Zucker in einem Topf aufkochen. Nun die Pistazien hinzufügen, gut verrühren. Die Flüssigkeit etwas abkühlen lassen und nochmals mit einem Stabmixer mixen. Anschließend durch ein Haarsieb streichen und mittels Trichter in die vorbereitete Flasche gießen.
Gekühlt aufbewahren.

Nutella-Likör

Dieses Rezept ergibt 1,5Liter
Zubereitungszeit: 8 Stunden

Zutaten:

2 Vanilleschote(n)
1 EL Kaffeepulver instant
0,7 Liter brauner Rum, 40%
400 g Nutella
250 g Puderzucker
400 ml Schlagsahne

Zubereitung:

Mark aus den Vanilleschoten herauskratzen.
Kaffeepulver in 1 EL heißem Wasser auflösen. Das Vanillemark, Nutella und Puderzucker mit Rum mit einem Mixer vermischen.
Die Mischung über Nacht ziehen lassen. Am
nächsten Tag die Sahne halbsteif schlagen und
unterrühren.
Vor dem Verzehr immer gut schütteln und
gekühlt aufbewahren. So ist das Getränk
mehrere Wochen haltbar.

Baileys

Das Rezept ergibt ca.1 Liter
Zubereitungszeit: 30 min

Zutaten:

800ml Sahne
400g Puderzucker
2 Msp. Vanillepulver
        alternativ 1 Päckchen Vanillezucker
4 EL Rohkakao
6 Stück Eigelb
40ml Espresso, stark
100ml Rum

Zubereitung:

Die Hälfte der Sahne in einen Topf gießen
und erwärmen, dann den Roh-Kakao hineinge-
ben und solange einrühren, bis keine Klümp-
chen mehr zu sehen sind. Wenn der Kakao sich
aufgelöst hat, den Vanillezucker sowie den
Puderzucker hinein sieben, ebenfalls verrühren bis sich alles aufgelöst hat. Die restliche
Sahne, das Espressopulver und die Eigelb
schaumig rühren zur Kakao- Mischung dazu

geben. Verrühren und abkühlen lassen. Letzt-
endlich den Rum hinzufügen, mixen und in
eine Flasche abfüllen, verschließen und kühl
lagern.

Winterliche Liköre

Bratapfel Likör

Das Rezept ergibt ca. 1,4 Liter
Zubereitungszeit: 30 min

Zutaten:

1 Liter Apfelsaft
100g brauner Zucker
100g weißer Zucker
1 Stange Zimt
1 Vanilleschote
1 Sternanis
abgeriebene Schale einer viertel Bio-Orange
375 ml brauner Rum

Zubereitung:

Den weißen und braunen Zucker, Zimt, Sternanis, Orangenabrieb und den Apfelsaft in einen Topf geben. Die Vanilleschote auskratzen und das Mark samt ausgeschabter Schote hinzufügen. Die Mischung aufkochen und ungefähr 15 Min. schwach köcheln lassen.

Die Zimtstange, die Vanilleschote und den Anis entfernen. Sollten noch Gewürze ent-

halten sein, die Mischung sieben. Anschließend den Rum einrühren. Den Likör nach
Möglichkeit noch heiß in die vorbereiteten
Flaschen mit Hilfe des Trichters abfüllen
und sofort verschließen. Man kann den Likör
direkt verzehren oder aber lagern. Lässt
man ihn ein paar Wochen ziehen, kann er
seinen vollen Geschmack entfalten.

Zu einem späteren Zeitpunkt erneut er-
wärmt, mit Sahnehäubchen, versüßt er
wunderbar die kalten Winterabende.

Spekulatius-Likör

Das Rezept ergibt ca. 1 Liter
Zubereitungszeit: 10 min

Zutaten:

150 ml Korn
200ml Sahne
250ml Milch
2 EL brauner Zucker
1TL Kakaopulver
1TLZimt
100g Spekulatius

Zubereitung:

Alle Zutaten, bis auf den Alkohol, mit einem Mixer fein mahlen und in einen Topf geben. Erhitzen und ca. 10 Minuten unter ständigem Rühren köcheln lassen. Wenn die Flüssigkeit etwas abgekühlt ist, den Korn hinzufügen und gut mischen. Danach nochmals pürieren und warm in die vorbereiteten Flaschen mittels Trichter abfüllen.

Eierlikör

Das Rezept ergibt ca. 1 Liter
Zubereitungszeit: 30 min

Zutaten:

6 Eigelbe (Gr. M)
1 Vanilleschote oder eine Pckg. Vanillezucker 150g Zucker
300g Sahne
150 ml weißer Rum

Zubereitung:

Die Vanilleschote längs aufschneiden und das Mark heraus kratzen. Ersatzweise kann man auch ein Päckchen Vanillezucker verwenden. Die Eier trennen. Dann die Eigelbe mit dem Zucker und dem Vanillemark bzw. Vanillezucker in einem Topf über einem heißen Wasserbad schaumig rühren. Nicht Kochen! Anschließend die Sahne und den Rum zufügen und ein paar Minuten unter Rühren erhitzen. Nun in die bereitgestellten sterilen Flaschen abfüllen und abkühlen lassen. Den Eierlikör unbedingt im Kühlschrank aufbewahren, dann ist er ca. 8 Wochen haltbar!

Karamell Likör

Dieses Rezept ergibt ca 1l Likör
Zubereitungszeit 4 Stunden

Zutaten:

1 Flasche brauner Rum
2 Dosen gezuckerte Kondensmilch
2 Tüten Vanillezucker
1 Tüte Vanille Aroma (Finesse Vanille)

Zubereitung:

Die gezuckerte Dosenmilch in einen großen Topf geben und ca. 3 Std. köcheln lassen. Wenn es zu geräuschvoll dabei klappert, ein Küchentuch auf den Boden den Topfes legen. Nach den 3 Stunden die Dosen öffnen in einen Behälter füllen und mit den übrigen Zutaten mischen, gut verrühren und in eine hübsche Flasche abfüllen. Ein Traum von einem süßen Genuß!

Vanillekipferle Likör

Dieses Rezept ergibt ca. 1 Liter Likör
Zubereitungszeit: 20 min

Zutaten:

100g Mandeln ohne Schale, gemahlen
30g Haselnüsse gemahlen
20g Walnüsse gemahlen
2 Vanilleschoten
120g brauner Zucker
400g Sahne
200ml Wodka

Zubereitung:

Die gemahlenen Nüsse zusammen in einer Pfanne leicht anrösten, um Röstaromen zu erzeugen.
In einem Topf die Sahne mit dem Zucker erwärmen. Die Vanilleschoten auskratzen, das Mark samt Schote zur Zuckersahne geben, die gerösteten Nüsse hinzufügen und

aufkochen. Kurz köcheln lassen. Dann die Flüssigkeit vom Herd nehmen und abkühlen lassen, bevor der Wodka hinzugegossen wird. Gut durchrühren, Vanilleschote herausnehmen und in die vorbereiteten Flaschen abfüllen.

Orangenlikör

Dieses Rezept ergibt ca.1,5l Likör
Zubereitungszeit : 6 Wo.

Zutaten:

500 ml weißen Rum
500 ml Wasser
500 g braunen Kandiszucker
5 Bio-Orangen

Zubereitung:

Wasser in einem Topf erwärmen und den Kandis darin zum Schmelzen bringen. Immer wieder umrühren. Anschließend die

Schalen der Orangen abreiben, danach halbieren und auspressen. Den Orangenabrieb, den Orangensaft und die ausgepressten Schalen mit dem Zuckerwasser zusammen in ein Gefäß füllen. Den Rum hinzufügen, gut durchrühren und verschließen. Diese Mischung 4 Wochen an einem warmen Ort ziehen lassen und täglich schütteln. Danach die Orangenschale entfernen und die Flüssigkeit durch ein Sieb gießen und nochmals für 2 Wochen an einem warmen Ort ruhen lassen. Nun ist ein wunderbar fruchtiger Aperitif entstanden.

Flüssiges Gold

Dieses Rezept ergibt ca. 1l Likör
Zubereitungszeit: 1 Tag

Zutaten:

250 g brauner Kandiszucker
500 ml Wasser
15 Teebeutel Apfel-Karamell („Caramel Apple Pie" von versch. Firmen erhältlich)
½ TL essbares Gold
2 EL Zitronensaft
500 ml braunen Rum

Zubereitung:

Den Kandiszucker in einem Topf Wasser erhitzen und rühren bis er sich aufgelöst hat. Nun 2 EL Zitronensaft sowie die 15 Teebeutel (ohne Bändchen) hinzufügen und über Nacht ziehen lassen. Am nächsten Tag absieben und den braunen Rum hinzufügen. Nun nochmal kurz erhitzen, umrühren und mittels Trichter in die vorbereiteten Flaschen abfüllen und abkühlen lassen. Zum Schluß noch 1-2 Messerspitzen Goldpuder hinzufügen und fertig ist das „flüssige Gold".

Engelchen Likör

Dieses Rezept ergibt ca. 1 Liter
Zubereitungszeit: 35 min

Zutaten:

150 g Schokolade, weiße
80 g Zucker
1 Ei(er)
500 ml Sahne
300 ml Amaretto

Zubereitung:

Einen großen Topf Wasser auf dem Herd erhitzen. Darüber einen kleineren Topf setzen (Wasserbad) und in diesen die weiße Schokolade bröckeln. Langsam zum Schmelzen bringen. Ei, Zucker und ungefähr die Hälfte der Sahne einrühren und ebenfalls erwärmen. Rühren nicht vergessen, damit die Masse nicht am Topfboden anhängt. Anschließend den Amaretto hinzufügen und 5 min bei mittlerer Hitze zusammen mit der Masse erwärmen. Danach die restliche Sahne hinzufügen und in eine vorbereitete Flasche mittels Trichter abfüllen. Gekühlt aufbewahren. Ein echtes Muss für alle Amaretto-Liebhaber!

Hagebutten-Likör

Dieses Rezept ergibt ca. 1 Liter Likör
Zubereitungszeit: 45 min

Zutaten:

500g Hagebutten
2 Gewürznelken
150g brauner Kandiszucker
1 Zitrone
1 Orangen
750ml Weinbrand
¼ Zimtstange

Zubereitung:

Die Hagebutten waschen, dann die Blüten und Stengelansätze abschneiden und halbieren. Die Kerne herauskratzen. Das Hagebuttenfruchtfleisch über Nacht in einem Gefäß mit Kandiszucker einlegen. Tagsdrauf gut durchmischen und ein paar Zitronen-und Orangenzisten, Gewürznelken und ein Stück einer Zimtstange hinzufügen. Mit Weinbrand aufgiessen und verschlossen, an einem warmen hellen Platz 2 Monate ziehen lassen.

Kräuter-Likör

Dieses Rezept ergibt ca 1l Likör
Zubereitungszeit: 4-6 Wochen

Zutaten:

5g Fenchelsamen
1TL Anissamen
1 Vanilleschote
2 Nelken
5 Stängel Thymian
2 Stängel Oregano
5 Minzblätter
6 Salbeiblätter
4 Zitronenmelisseblätter
200g brauner Kandiszucker
700ml Korn

Zubereitung:

Alle Zutaten in ein großes Gefäß geben und verschlossen für 4-6 Wochen an einem warmen, dunklen Ort aufbewahren. Zwischendurch immer wieder schütteln. Nach der Ziehzeit die Flüssigkeit durch ein feines Sieb abseihen und in vorbereitete Flaschen abfüllen.

Kürbis-Likör

Dieses Rezept ergibt ca. 1l Likör
Zubereitungszeit: 4 Wochen

Zutaten:

500g Kürbis	250g Zucker
500ml Wasser	1 Vanilleschote
3 Zimtstangen	500ml braunen Rum

Zubereitung:

Den Kürbis schälen, in Stücke schneiden und im Ofen 20 Minuten bei 180Grad backen. Aus dem Ofen holen und mit einem Pürierstab zerkleinern. Das Wasser in einem Topf mit dem Zucker aufkochen. Das Mark einer Vanilleschote samt Schote, die Zimtstangen und den Kürbismus hinzufügen. 30 Minuten bei schwacher Hitze köcheln lassen. Dabei stetig rühren, damit nichts anbrennt. Nun die Masse durch ein feines Sieb streichen. Anschließend den Rum hinzufügen und in die vorbereiteten Flaschen abfüllen. Den Likör 4 Wochen an einem dunklen, kühlen Ort ziehen lassen.

Tannenspitzen-Likör

Dieses Rezept ergibt ca. 750ml Likör
Zubereitungszeit: 5 Wochen

Zutaten:

7-8 Tannenspitzen
160g weißen Kandiszucker
½ Vanilleschote
750m Korn
1 Scheibe Zitrone

Zubereitung:

Den Korn zusammen mit dem Kandiszucker, der Zitronenscheibe und den gründlich gewaschenen Tannenspitzen zum Ziehen in einem Gefäß für mehrere Tage an einen dunklen und warmen Ort stellen. Immer mal wieder schütteln zwischendurch, damit sich der Zucker gut löst. Nach ein paar Tagen die Zitronenscheibe entfernen und das Mark einer halben Vanilleschote hinzufügen, durchrühren und weitere 4 Wochen ziehen lassen. Die Flüssigkeit täglich bewegen. Wenn der Likör fertig ist, mittels Trichter in sterile Flaschen abfüllen.

Rotweinlikör

Dieses Rezept ergibt ca. 1l Likör
Zubereitungszeit: 2 Wochen

Zutaten:

½ Zitrone
½ Orange
1 Zimtstange
250g Zucker
1 Pckg. Vanillezucker
250ml Weingeist
500ml Rotwein
125ml Rum

Zubereitung:

Den Zucker mit der Zimtstange und dem Rotwein in einen Topf geben und 5 Minuten sanft köcheln lassen. Nun die Zimtstange entnehmen. Nachdem die Flüssigkeit etwas abgekühlt ist, den Vanillezucker, den Weingeist, den Rum und die Säfte einer halben Zitrone sowie einer Orange hinzufügen. Alles gut verrühren, abfüllen und 2 Wochen an einem dunklen und kühlen Ort ziehen lassen.

Honiglikör

Dieses Rezept ergibt ca. 1l Likör
Zubereitungszeit: 8 Wochen

Zutaten:

500g Honig
1 Vanilleschote
1 Sternanis
2 Gewürznelken
1 Tasse Wasser
750ml Korn

Zubereitung:

Wasser im Topf erhitzen. Die Vanilleschote auskratzen und das Mark mit der Schote, den
Sternanis und die Gewürznelken ins Wasser geben. Die Gewürze einige Zeit im Wasser ziehen
lassen, aber nicht kochen. Die Gewürze wieder
entnehmen und das aromatisierte Wasser abkühlen lassen. Nun den Honig in ein Gefäß schütten
und das Gewürzwasser samt Korn hinzufügen.
Solange rühren, bis sich der Honig aufgelöst hat.
Danach mittels Trichter in eine Flasche abfüllen
und für 8 Wochen an einen kühlen Ort stellen.
Das Gefäß zwischendurch ab und zu schütteln!

Ingwerlikör

Dieses Rezept ergibt ca. 1,5 Liter Likör
Zubereitungszeit: 1 Woche

Zutaten:

250g Ingwer
2 Zitrone
250g Zucker
700ml Wasser
500ml Korn

Zubereitung:

Den Ingwer schälen, in kleine Stücke schneiden und die Schalen von den Bio-Zitronen abreiben. Danach das Wasser in einen Topf gießen und mit den Ingwerstücken, dem Zucker und dem Zitronenabrieb erhitzen. Solange köcheln lassen, bis sich der Zucker aufgelöst hat. Die Masse etwas abkühlen lassen und durch ein feines Sieb streichen. Um Rückstände zu vermeiden, kann man diese Mixtur danach nochmals durch ein sauberes Küchentuch filtern. Nun den Korn hinzufügen und die gut durchgemischte Flüssigkeit in ein Gefäß abfüllen und verschließen. Jetzt sollte der Likör noch ungefähr eine Woche an einem dunklen und kühlen Ort ziehen.

Schmeckt pur sehr lecker, aber auch mit Wasser gemixt, ist dieser Likör auch als selbstgemachtes Ginger Ale, auf Eis und Limette zu empfehlen.

Capt. Swings geheime Bibliothek

wird nach und nach von einem Team begeister-
ter Forscher sorgsam gehoben, gesichtet und der
Öffentlichkeit zugänglich gemacht. Wir wissen
nicht, was wir als nächstes finden. Denn eines
ist sicher:
Eine Ordnung gibt es nicht.

Das kleine Bruschetta-Buch

Die 40 besten Rezepte

Bruschetta war in früheren Zeiten ein „Arme-Leute-Essen" und ist ein italienisches Antipasti. Es gibt unzählige Variationsmöglichkeiten, von einfach bis extravagant, von traditionell bis zu Gourmet-Crostinis.

Paperback 96 Seiten
ISBN-13: 9783755701279
9,95 €

Altes Brot

Melanie Koßmann zeigt mit 50 Rezepten, wie man altes Brot in köstliche Speisen verwandelt und somit auch noch Geld spart.

Man kann alte Brotreste in Vorspeisen, Hauptgerichten, beilagen sowie Desserts hervorragend weiter verwerten.

Paperback 110 Seiten
ISBN-13: 9783755700920
9,95 €

Latein für Alle

Latein ist eine alte Sprache, eine tote Sprache, eine Sprache für Akademiker, die sich damit wichtig tun. Wozu Latein? Nun, um sich auch wichtig zu tun? Oder die Wichtigtuer zu verstehen und ihnen vielleicht sogar Kontra geben zu können.

Paperback 70 Seiten
ISBN-13: 9783755700265
7,95 €

Das LSD Tattoo
und andere urbane Legenden

Auf der Party, in der Kneipe, am Arbeitsplatz, im Wartezimmer, beim Friseur, überall, wo man Zeit hat und sonst schon alles gesagt wurde, dort finden sie Verbreitung: Die modernen Märchen, urbane Legenden, Geschichten die zu schön sind um nicht wahr zu sein.

Paperback 72 Seiten
ISBN-13: 9783755710998
7,95 €

Capt. Swings
geheime Bibliothek